AF389069

LES ÉTRANGES AVANTVRES D'VN GRAND PRINCE.

Où lon pourra voir que la vertu, quelque part qu'elle se trouue, ne demeure iamais depourueuë.

Traduction du 1. de l'Eneide.

Par le sieur de la MOTTE DVTERTRE.

A PARIS,

De l'Imprimerie de ROB. ESTIENE,
Pour TOVSSAINCT du BRAY,
ruë S. Iacques aux Espics meurs.

M. DC. XVII.

Auec priuilege du Roy.

ENEE PARLE.

LOrs que *Virgile fut mort,*
Ie pensois que tant de feintes
Auroient obligé le Sort
De donner tréue à mes pleintes;
Mais vn autre bel Esprit
Renouuelle en cet Escrit
Tous les trauaux de ma vie,
Et me reiette en la mer
Où la tempeste & l'enuie
Me veult encore abysmer.

LE ROY.

A
MONSIEVR DE
MONTHELON,
CONSEILLER DV
Roy en son Con-
seil Estat.

MONSIEVR,

Le fauorable ac-
cueil que me fit il y a quel-
que temps, Madamoiselle
de Montpensier à vostre
aueu, & l'incroyable affe-
ctionque ceste grãde Prin-
cesse témoigna pour les Let-

tres, receuant vn petit liure de mes mains, plus dignemẽt que son Excellence & ma condition ne me permettoiẽt d'esperer: me toucha d'vn si iuste ressentiment, que deslors ie m'obligeay de publier ses louanges par tout où ma plume se pourroit estendre. Mais parce que ie ne puis mieux commancer de satisfaire à ceste obligation, qu'en recognoissant le merite de celuy qui l'a causée, & qui apres le bon heur

de la naiſſance, a le plus
contribué de ſa conduite
en l'education de ceſte ame
Royalle: Ie vous offre pour
la moindre partie de ce
que ie vous dois, le frere
aiſné du liure qui me donna l'honneur de voſtre co-
gnoiſſãce. Voſtre maiſon
autre fois honorée des plus
eminentes charges de ce
Royaume, eſtant auiour-
dhuy comme vn Temple
d'honneur & de vertu, où
l'ancienne hoſpitalité, la
Iuſtice, la religion & la

ã iij

pieté fleuriſſent égalemēt :
Ie croy que vous ne vous
trouuerrez pas importuné
qu'elle ſerue de retraite à
ce grād Enée, que i'y ame-
ne encore tout eſpouuanté
du naufrage, & courbé
ſous le pieux fardeau
de ſon Pere, & de ſes
Dieux, retirez par mil-
le dangers des flammes
de Troye. La reputation
de voſtre vie, qui ſert d'e-
xemple à toute la France,
fait que ie vous adreſſe ce
Prince, d'autant plus li-

brement , que l'incompa-
rable Virgile l'a dépeint
des plus viues couleurs de
la vertu que vous cherif-
fez ; comme vn modelle
parfait, fur lequel les plus
grands peuffent former
toutes leurs actions. Ser-
uez-luy de fecond port, &
m'obligez de croire que ie
fuis & feray toute ma vie,

MONSIEVR,

Voftre tres-humble & tres-
affectionné feruiteur ,

DVTERTRE.

AV LECTEVR.

IE vous donne icy le premier & le quatrief-me de l'Eneïde de Virgile en profe Françoife, auec af-feurance du furplus, fi le tếps ingrat me le permet. Quoy que puiffent dire les diffici-les, que les Mufes ne peu-uent aller à pied, ie croy que mon deffein fera loüé des beaux Efprits qui ont veu de bon œil les Metamorpho-fes d'Ouide, reueftues d'vn pareil habillement par Mon-fieur Renoüard, perfonnage en effaict recommandable & digne d'honneur. Si vous trouuez de la difference en

nos parolles, confiderez auffi
qu'il n'y a point de compa-
raifon entre nos Autheurs.
Ouide eft ingenieux, fubtil
& argut declamateur, fertile
en conceptions qui refpon-
dent à nos pointes Françoi-
fes, & fur tout à la façon d'ef-
crire en profe que nous te-
nons auiourd'huy ; mefmes
il fe trouue des couleurs de
Rhetorique tirees de fes ef-
crits dans les Controuerfes
de Seneque ; & les fçauants
vous diront, qu'il n'y a argu-
ment dans les Topiques de
Ciceron, qui ne foit emploïé
au 2. des Triftes. Là où Virgile, auec vne abondance incroyable de mots, vne varie-
té notable de fentences, eft
elegant en parolles, & chan-
geant fesfaçons de parler, fe-

lõ les choses, les lieux & les
persõnes, est tãtost copieux,
tantost concis, tantost mes-
lant & confondant toutes
choses ensemble, historien,
mathematicien, philosophe,
medecin, iuriscõsulte, guerrier, pasteur, grand courti-
san, & sur tout escriuant d'vn
stile haut & releué, que les
mediocres ne peuuent con-
ceuoir, & qui ne s'accõmode
en façon quelconque à la
prose. C'est pourquoy ie vo°
laisse à penser s'il y a de la dif-
ficulté, & s'il se faut ronger
les ongles pour exprimer naïuement ses conceptions en
nostre langue, qui a fort peu
de correspõdance auecques
la sienne. Neantmoins le Sie-
cle est tellement fertile en
brouilleurs de papier, & Pa-

rissi frequét en ie ne sçay quels petits libraires affamez qui se chargent de toute sorte d'escris, qu'il s'y trouue vn homme ignorát és Lettres Grecques, Latines & Françoises, qui a bien esté si temeraire, sans cõsiderer son insuffisance, ny respecter la dignité de ce diuin Poëte, d'entreprendre par le moyen de quelques versions, l'entiere traduction de l'Eneïde, auec vne telle quantité d'obmissions, de fautes, d'impertinences & d'incõgruitez, que les ouuriers, les caracteres, l'encre & le papier qui endure tout, s'ils estoyent sensibles à la honte, rougiroient de les imprimer. Ie ne m'arresteray point à les remarquer icy, parce que le nombre en est

infiny, & que vous les pour-
rez veoir en peu de iours à
l'ouuerture du liure, où vous
recognoiſtrez le merite &
les qualitez de l'homme ; s'il
a bien aſſez d'impudence de
meſler auec le grãd Virgile,
ſon nom qui remplit les pa-
niers des porteurs de roga-
tons, & la bourſe des chan-
tres du Pont-neuf. Receuez
donc mes plaintes, & vous
ſeruez de l'aduertiſſement
que ie vous dõne, me faiſant
l'honneur de croire qu'autre
choſe ne me fait parler d'v-
ne perſõne que ie n'ay iamais
veuë, que la verité meſme, &
le regret que i'ay que l'on
n'eſtabliſſe des loix contre
tels ignorants, pour empeſ-
cher que les Lettres ne ſoiét
ainſi profanees.

LES

LES ESTRANGES AVENTVRES D'VN PRINCE.

IE CHANTE les beaux faicts d'armes de ce valeureux Prince, qui de ceux que les Destins chasserent de Troye & firent errer parmy le Monde, vint le premier aborder aux riuages d'Italie.

A

Les Dieux irritez par le courroux de la rigoureuse Iunon , qui ne pouuoit oublier vne iniure passee , le trauerferent cruellement par mer * & par terre ; & n'eft pas à croire combien la guerre luy donna d'affaires , tant qu'il fut à baftir vne ville; pour inftaller à force d'armes fes Dieux entre les peuples Latins. D'où eft venuë la nation Latine, l'ancienne Nobleffe d'Albe , * & d'où la fuperbe Rome a pris les

*En Thrace,en Crete , en Sicile & en Afrique.

* De laquelle for tirent les plus illuftres familles de Rome.

foibles commencements de sa grandeur.

Muse qui sçauez les secrets de l'histoire, racontez-moy quelle offense aigrit ceste diuine Majesté ; & pourquoy celle qui tient la souueraineté des Cieux, outree de douleur, fist courir tant de fortunes, esprouuer tant de labeurs, à vn personnage si recõmendable pour sa bonté. Est-il bien possible que les Dieux se laissent tellement emporter à la colere?

Droict à l'opposite de
l'Italie, & loin de la bouche par où le Tybre va
mettre ses eaux dans la
mer, autrefois estoit l'ã-
cienne Carthage que les
Tyriens possedoient; vil-
le remplie d'hõmes non
moins   opulents , qu'a-
donnez aux exercices de
Mars. Iunon , à ce que
lon dit , s'y plaisoit plus
qu'en aucun lieu de lã
terre , mesmes en prefe-
roit le sejour à celuy de
Samos. Là son char & ses
armes estoient ordinai-
rement; là, si le sort l'eust

en quelque façon que ce
soit voulu permettre, el-
le pretendoit , & auoit
desseigné d'establir vn
Empire , duquel toutes
les nations du monde
eussent releué.

Mais elle auoit décou-
uert au secret des * De-
stinees, que du sang des
Troyens deuoit sortir v-
ne * posterité, qui vn iour
abaisseroit l'orgueil des
tours & des forteresses
que les Tyriens esleue-
roient à Carthage ; vn
peuple guerrier & gene-
reux qui se faisant obeyr

Ce n'est autre chose que le commandement & la volonté de Dieu, selon Platon.
Les Romains.

au loin, porteroit ses armes victorieuses en A-
friquë, à la ruine & con-
fusion de toute la Lybie;
bref, que telle estoit la
trame que les Parques
ourdissoient.

Or auec la crainte que
cela n'arriuast, Iunon
mesloit la souuenáce de
l'incommodité desguer-
res passees, qu'elle auoit,
cóme chef du party des
Grecs ses fauorits, sous-
tenuë par dix ans au sie-
ge de Troye: Elle n'auoit
point encore oublié le
sujet de son desplaisir, &

le temps n'auoit point
adoucy l'amertume de sa
douleur: Le * iugement
de Paris, l'affront qu'elle
auoit receu du mespris
de sa beauté, demeuroiét
engrauez au plus profód
de sa pensee. D'ailleurs,
elle se faschoit de voir *
sa fille disgraciee de son
mary, & portoit auec vn
extréme regret les hon-
neurs que receuoit en sa
place vn infame Gany-
mede, vn enfant honteu-
sement rauy dans le Ciel.
Prouoquee de ces mé-
contentements, elle s'ef-

* Par le-
quel il dõ-
na la pom-
me d'or à
Venus.

* Hebé fil-
le de Iunõ
chassee du
Ciel , &
Ganyme-
de mis en
sa place.

A. iiij

forçoit au possible d'es-
loigner de l'Italie ce peu
de Troyés, qui agitez de
la tempeste au milieu des
ondes, restoient de la fureur des Grecs, apres a-
uoir eschappé les mains
de l'impitoyable Achil-
le : si bien que forcez des
vents & du Sort, ces pau-
ures vagabonds alloient
errás par toutes les mers,
depuis vne fascheuse &
longue suitte d'annees :
tant il y auoit d'affaires
à jetter les fondements
de la puissance du peuple
Romain.

A grand' peine met-
toiët-ils la voile au vent
pour singler en haute
mer, & fendants, d'vn
cœur ioyeux, les écumes
sallees, commençoient-
ils à perdre de veuë le
terroir de Sicile ; quand
Iunõ qui receloit en son
ame vne playe qui ne se
pouuoit guerir, s'arrai-
sonnant disoit ainsi en
elle-mesme.

Quoy? faut-il comme
si i'estois desia vaincue,
que ie me departe de mõ
entreprise? Et par ce que
les Destins s'y opposent,

que ie n'aye pas le credit d'empefcher vn Prince Troyen de prendre terre en Italie? Ouy, mais autrefois Pallas pour fe véger de la rage amoureufe d'Aiax * Oïlee, eut bié le pouuoir de brufler l'armee des Grecs, & de les faire tous perir?

Cefte Deeffe dardant du haut de la nuë, le feu rauiffant de Iupiter, & ttoublát la mer d'orages, efcarta leurs vaiffeaux çà & là. Et comme Aiax outre-percé du foudre, rendoit auec les derniers

* *Pour a-uoir violé Caffandre fille de Priam dás le Temple de Pallas.*

souspirs de sa vie, des flames de souffre & de feu par l'estomac, elle l'emporta d'vn tourbillon, & l'attacha sur la poincte d'vn rocher.

Et moy qui suis Reyne des Dieux, espouse * & sœur de Iupiter, il y a si long-temps que ie fais la guerre contre vn simple peuple sans le pouuoir exterminer. Et puis il se trouuera quelqu'vn qui vueille desormais adorer la diuinité de Iunon, & qui pour l'inuoquer honore ses Autels

De la concurréce de l'air & du feu toutes choses sont engendrees.

de presents & de victi-
mes.

Iunon roulant toutes
ces consideratiós en son
cœur enflammé de ven-
geance, s'en alla de ce pas
en Æolie * au pays des
nuages, lieu remply de
tempestes orageuses. Là
dans vne cauerne large
& spacieuse, Æole range
sous ses loix, enchaisne
& retiét les vents en pri-
son, qui faschez de se
voir enfermez, gron-
dent aux enuirós de leur
enclos, & s'efforçants
d'en sortir font esclater

Ce sont neuf Isles au bout de la mer de Sicile.

la montagne d'vn grand
bruit. Mais luy feant en
fon Palais haut efleué, le
fceptre en main, modere
leur courroux, & adou-
cit la fierté de leur naturel : car s'il les laiffoit faire, il n'y a point de doute qu'ils esbranleroient
la mer, la terre & le Ciel,
& les emportants auec
eux, les iroient d'vn ef-
fort bouleuerfer parmy
l'air. Mais celuy qui peut
tout, craignant cet in-
conuenient, les a reclus
& cachez en des antres
obfcurs, les a couuerts

de hautes montagnes, &
les a pourueus d'vn Roy
qui, à certaines conditiõs
& à son commandemét,
leur sçait à propos serrer
ou lascher le frein de son
authorité. Iunon s'ad-
dressant à luy pour le
prier , vsa de ces pa-
roles.

Æole, puis que le pe-
re des Dieux & le Roy
des hommes vous a don-
né le pouuoir d'enfler &
de calmer les flots quand
bon vous semble : Vn
peuple qui m'est ennemi
iuré, vogue auiourd'huy

paifiblemét fur la mer de
Tofcane, & porte auec-
que foy fes Dieux vain-
cus & profanez, pour al-
ler tranfplanter en Italie
l'Empire de Troye. Exci-
tez, ie vous prie, la force
de vos vents, couurez
leurs nauires de vagues,
faictes-les caler à fonds,
ou bien les écartant les
vns des autres, iettez
leurs corps dedás la mer.
I'ay quatorze belles *
Nymphes à ma fuitte:
Deïope eft la plus belle,
& la plus agreabie de
toutes: Pour la reco-

gnoissance des bons of-
fices que vous me pou-
uez rédre en cet endroit,
ie la vous offre de bon
cœur, afin que iointe a-
uecque vous d'vn ferme
nœud de mariage, èlle
passe ses ieunes ans en
vostre compagnie, &
vous face heureux pere
d'vne belle posterité. Æ-
ole à ce propos repartit
en ces termes.

C'est à vous, ô Reyne
tres-puissante, à me com-
mander ; à me faire sça-
uoir en quoy vous desi-
rez que ie vous serue, &

à moy sans plus de vous obeyr. C'est vous qui me moyennez ce que i'ay de credit & d'honneur en ce *Royaume ; mon sceptre est appuyé de vostre seule faueur: Ie sçay que vous m'entretenez és bōnes graces de Iupiter, que vous me faictes seoir & manger à la table des Dieux ; bref, que c'est de vous que ie tiens le commandement que i'ay sur la tempeste & sur les orages.

Ces compliments acheuez, il frappe, tour-

* Par ce que les vents s'engendrent du mouuement des eaux.

nant le bout de son sce-
ptre, la coste d'vne mon-
tagne creuse; & aussi tost
les vents échappez sor-
tent en foule par l'issue
qui leur fut donnee, &
comme par escadrons,
vôt éuenter les prochains
lieux d'horribles souffle-
ments. Puis apres, le Le-
uant, le Midy & l'ora-
geux Africain se iettent
sur la mer, la troublent
d'vn commun effort ius-
ques aux fondements, &
la remplissent de vagues
qu'ils enuoyent en rou-
lant, tempester contre ses
riuages.

Là deſſus vne clameur d'hommes épouuantez s'eſleue; on entend craqueter les cordages des vaiſſeaux; en vn inſtant l'eſpeſſeur des nuës deſrobe la veüe du Ciel & la clarté du iour aux yeux des matelots; vne obſcure nuict s'eſtend ſur toute la mer; les Cieux éclatent; l'air eſclaire de mille feux, & rien ne ſe preſente à ces pauures affligez, qui à l'heure meſme ne les menaſſe de la mort.

En ce deſaſtre la crain-

te du peril surprenant E-
nee, vne soudaine froi-
deur l'affoiblit de tous
les mébres de son corps;
son visage blesmit, le
sang se glace dans ses vei-
nes: il souspire, & leuant
les mains au Ciel.

O trois, voire quatre fois
heureux, dist-il en s'es-
criant, estes-vous, à qui
ce bon-heur est arriué,
d'estre à la veuë de vos
parents, enseuelis sous la
ruine des hauts murs de
Troye! O vaillant Dio-
mede hõneur des Grecs,
ne pouuois-ie donc estre

abatu és campagnes d'I-
lion, & mourant, respan-
dre ceste ame chetiue &
languissante sous le glo-
rieux effort de ta main;
au lieu mesmes où A-
chille terrassa le preux
Hector, où Patrocle tua
le grand Sarpedon , où
Simoïs va roulant tant
de boucliers, tant d'ar-
mets, & les corps de tant
de gens de bien, qui peri-
rent honorablemét pour
la defense de leur patrie?

Comme il faisoit en
vain ces regrets , voicy
qu'vne houle sifflant du

Septentrion , donne de
front contre la voile, &
porte l'orgueil de ses
flots iusque dās les astres.
De ce coup les auirons se
brisent, la prouë se tour-
ne, & le nauire penchāt,
presente le flanc à la violence des ondes irritees;
où s'esleuent des monta-
gnes enormes qui le pres-
sent & le suiuent pour
l'engloutir. Les vns pen-
dēt au plus haut des flots;
aux autres, l'eau s'entrou-
urant, monstre la terre à
découuert entre les va-
gues separees : la tour-

mente est si grande, que
mesme le sable boüillon-
nât en éprouue la fureur.

Le Midy surprenant
trois de leurs vaisseaux,
les precipite sur des es-
cueils recelez. à fleur
d'eau ; escueils esloignez
de la coste, que les Italiés
surnomment * autels ,
mais en effect eschine
d'vne grandeur desme-
suree qui paroist au des-
sus de la mer.

Le Syroc en presse
trois autres qui se sau-
uoient au large, les pous-
se dans les Syrtes ; & (cho-

se lamentable à voir) les
ayant fait toucher con-
tre les bancs, les assiege
de grands monceaux de
sable.

Celuy qui portoit les
Lyciens & le fidelle O-
ronte, fut à ses yeux, atteint d'vn grand coup de
mer, qui le prenant par
le haut, tira le maistre du
gouuernail, & le preci-
pita la teste la premiere.
En ce mesme lieu les flots
se ioüants du nauire a-
bandonné, le font pi-
roüeter par trois fois : &
en fin la rapidité de l'a-
bysme

byſme l'attire par le haut au plus profond de la mer. En vn gouffre ſi vaſte, bien peu furent veus à la nage pour ſe ſauuer; mais on remarqua flotter ſur les eaux au gré du vent, les armes des ſoldats, les riches tableaux & les treſors récoux des flames & du pillage de Troye.

Quant au fort nauire d'Ilionee, de celuy de l'inuincible Achate, & des autres où eſtoient Abas & le vieil Alethe, peu s'en falloit que le mau-

uais téps ne les eust desia
surmontez : de sorte que
les liaisons des tables s'ę-
stants relaschees, ils com-
mençoient tous à faire
eau par de larges ouuer-
tures.

Cependant Neptune
s'aperceut de la tempe-
ste, & voyant que la mer
boüillonnoit iusques au
fonds, se douta bié qu'il
y auoit vn grand trou-
ble; dequoy fort étonné,
il leua hors de l'eau son
chef serein, & regardant
au loin, veid la flotte d'E-
nee épandue de tous co-

ftez, & les Troyens non
feulement expofez à la
mercy des vents & des
ondes , mais auffi à
l'iniure du Ciel , qui
fembloit fondre fur eux
pour les abyfmer. Iunon
ne peut fi bien cacher fes
rufes , & le defir qu'elle
auoit de fe vanger , que
fon frere ne s'en deffiaft
incontinent : Il appelle
donc à foy Eure & Ze-
phyre , & leur fift cefte
remonftrance.

Le *lieu d'où vous e-
ftes fortis, vous a-til bien
donné l'audace , Vents

* *Les vẽts
engendrez
d'Aftree,
l'vn des
Titãs qui
voulurent
cõbatre les
Dieux.*

outrecuidez , de mesler
ainsi le Ciel auecques la
terre à mon desceu ? A-
uez-vous bien esté si har-
dis d'entasser de si grandes masses d'eaux ? Si ie
vous prens (mais il faut
plustost calmer les flots)
vne autre fois vous ne se-
rez pas si legerement pu-
nis de voſtre temerité:
Allez, despeschez-vous
de vous retirer douce-
ment, & dictes à voſtre
Roy de ma part, que
l'Empire de la mer , &
l'honneur de porter le
trident, m'eſt escheu par

* fort, & nõ pas à luy, qui
ne poſſede que la conca-
uité des effroyables ro-
chers, voſtre ſeiour. Que
donc Æole tienne ſa
grandeur, & trenche du
Prince en ces beaux Pa-
lais, & regne ſur ſes véts,
enfermé dans vne obſcu-
re priſon.

    Ainſi parla Neptune,
& n'eut pas ſi toſt com-
mandé, que la mer ne ſe
calmaſt, que les nuages
ne ſe diſſipaſſent, & que
le Soleil ne fiſt incontinent reuoir au Ciel ſa
premiere clarté. Cymo-

B iij

* Le Ciel
à Iupiter,
la mer à
Neptune,
l'Enfer à
Pluton.

thoé & Tritō Dieux ma-
rins preſtants l'eſpaule,
s'efforcent de pouſſer,
pour degrauer les naui-
res échoüez ſur la pointe
d'vn rocher ; Neptune
meſme les ſouſleue de
ſon trident ; deſcouure
l'eſtendue ſpacieuſe des
Syrtes ; & apres auoir a-
doucy la mer , va lege-
rement roulant en ſon
char ſur la cyme de ſes
ondes.

Et comme bien ſou-
uent, quãd en vne gran-
de commune quelque
deſordre ſuruient, & que

la rage s'allume au cœur
de la vile populace, on
void auſſi toſt voler les
cailloux & le feu par-
my la rue, (armes que
ſa paſſion deſreglee luy
fournit:) mais ſi quelque
perſonne de merite &
d'authorité ſe preſente,
ceſte canaille demeure
muette, & ſ'arreſte les o-
reilles ouuertes pour l'eſ-
couter : luy par ſes re-
monſtrances les appri-
uoiſe,& manie leurs foi-
bles eſprits. Ainſi le bruit
eſclatant de la tourmen-
te, ceſſa tout auſſi toſt

que Neptune parut sur les eaux, & traisné dans son char fauorable aux Troyens, fist tourner, & lascha la bride à ses cheuaux, qui par vn temps plus serein le faisoient voler sur les plaines de la mer. Adonc les Troyens recreus de tant de fatigues, s'efforcent de gaigner la premiere terre, & prennent leur route vers les côfins de Lybie.

En vn recoin d'Afrique est vn * sein de mer escarté, qui s'allôge bien auât dans la terre: la ren-

** Description du port de Carthage, en Espagne, car ce lieu ne se trouue point en Afrique.*

contre d'vne Iſle en faict
vn port à la faueur de ſes
flancs, contre leſquels
les flots de la grand'eau
ſe rompent, & ſe fendent
à plis recourbez. De part
& d'autre ſont des ro-
chers d'vne grandeur dé-
meſuree, où s'eſleuent
deux pointes, dont la
hauteur qui ſemble me-
naſſer le ciel, tient la mer
en vne continuelle bon-
naſſe. Le feillage ver-
doyant d'vne épeſſe fo-
reſt panche au deſſus, &
le couurant tout à l'en-
tour en forme de thea-

tre *le remplist de l'hor-
reur de son ombre. A
l'entree se decouure sous
le pendant des rochers,
vne grotte feconde en
bõnes eaux, garnie, pour
le seiour des Nymphes,
de sieges naturellement
taillez dans le roc. Là les
chables ne retiennent
point les vaisseaux tra-
uaillez de la tempeste; &
iamais la dent croche
d'aucune ancre n'en a
mordu la riue.

Ce fut en cet endroit
qu'Enee ralliât sept na-
uires qui luy restoient de

* Ils se fai-
soient pre-
mierement
de feillee,
puis de ta-
bles, & a-
pres de
muraille.

toute sa flotte, finable-
ment aborda ; où les
Troyens se debarquants
auec vn extréme desir de
prendre terre, iouïrent
du sable tant desiré ; &
où, pour se dégourdir,
ils estendirent sur le riuage leurs membres a-
languis & trauaillez de la
marine.

Achate, le plus soi-
gneux de tous, ne fut pas
si tost descendu, que ba-
tant vn caillou il en fist
sortir des étincelles qu'il
receut sur des feilles , &
mettant de la meche sei-.

che tout à l'entour, fist tant qu'en fin il attira le feu dans l'amorce. Alors incommodez de toutes choses, ils se depeschent d'apprester leurs vtensilles pour s'en ayder en leur presente necessité; tirent des magazins leurs grains encore to⁹ mouillez, (reste du naufrage & de la guerre) les passent par le feu pour les seicher, & puis les reduisent en farine auecque des pierres.

Mais Enee montant sur le haut du rocher, iet-

te ſes yeux au loin de
toutes parts , pour voir
s'il ne pourra point re-
marquer quelqu'vn des
ſiens, ou bien Antee que
les vents auoient écarté,
ou les galeres de Troye,
ou Capys , ou bien les
banderolles & les ar -
mes eſclatantes que Cay-
que auoit fait eſleuer à la
pouppe de ſon vaiſſeau.
Mais aucun ne ſe preſen-
te à ſa veuë ; ſeulement il
apperçoit au bord de la
mer trois Cerfs errants;
qu'vne harde de beſtes,
qui viandoient le long

des vallons, suiuoit à la
file.

A ceste rencontre E-
nee s'arreste sur la place,
& prenant en diligence
son arc & ses flesches, que
luy tenoit toutes prestes
Achate son fauory, ietta
par terre ces trois Cerfs,
qui comme chefs de la
bande, alloient leuant
leurs testes branchues.
Puis apres chassant dans
les forts relance à coups
de traits le surplus de ces
ieunes bestes, & ne cesse
de les suiure, que pre-
mieremét selon son des-

sein , sept grands corps
terrassez n'eussent egalé
le nombre de ses nauires.

De là s'en retournant
au port, il faict part de sa
chasse à tous ses compa-
gnons ; distribue le vin
qu'Aceste leur auoit dô-
né, & dont ce bon Prin-
ce auoit fait rẽplir leurs
tonneaux au partir de Si-
cile,& puis flatte leur tristesse de ce discours.

Compagnons , nous
sçauons tous, les ennuis
que nous auons desia
soufferts;vous auez pas-
sé le plus fort de vos tra-

uaux : encore faut-il e-
sperer que Dieu mettra
fin à ceux-cy : vous auez
surmonté la fureur de
*Scylle, & les abois enra-
gez de ce monstre reue-
stu d'escueils qui meinét
vn si grand bruit ; vous
auez franchy les rochers
du Cyclope ; reprenez
maintenant vos cœurs,
chassez de voustoute fas-
cheuse crainte ; possible
qu'vn iour vous cherirez
la souuenáce de vos mal-
heurs. Par tant de diffi-
cultez d'estranges auen-
tures ; par la rencontre

＊ C'est vn grand ro-cher enui-ronné d'autres petits pres de Charybde en la mer de Sicile.

de tāt de choses differen-
tes, nous aspirons à l'Italie, où les Destins nous
mõstrent vne retraite af-
seuree : c'est là qu'il nous
sera permis de releuer la
gloire de l'Empire de
Troye; patientez, & vous
reseruez aux bónes for-
tunes qui vous attédent.

Ce Prince leur tenant
vn tel propos, le soin de
mille choses l'affligeoit
infiniment; mais il mon-
stroit vn visage plein de
bonne esperance, & res-
serroit en son ame le ressentiment de sa douleur.

Eux s'auancent d'apre-
ster leur proye pour le
repas; les vns la despouil-
lent, la vuident, la met-
tent en pieces, & l'em-
brochent encore toute
tremblante; les autres a-
rengent des chaudieres
sur le riuage, allument
vn grand feu tout à l'en-
tour; & lors rappellants
par la bonne chere, leurs
forces perdues, ils se ras-
sasient de vin vieil & de
venaison.

A pres que les viandes
eurent appaisé leur faim,
& que les tables furent

leuees, ils se mirent à re-
gretter par vn long dis-
cours l'absence de leurs
compagnons ; ne sça-
chants, entre la crainte
& l'esperāce, lequel croire des deux, ou bien s'ils
estoient morts, ou re-
duits à l'extremité de la
vie, sans pouuoir enten-
dre ceux qui les auoient
tant de fois cherchez &
appellez. Mais Enee prin-
cipalement deplore l'in-
fortune du courageux
Oronte, tantost le mal-
heureux sort d'Amyque,
le cruel destin de Lyque,

le vaillant Cloanthe & le
braue Gyas.

Or desia ce propos fi-
nissoit auecque le iour,
quand Iupiter conside-
rant du haut du Ciel, la
grandeur de la mer & de
ses riuages, l'estendue de
la terre couuerte de tant
de villes & de peuples, à
dessein arresta * sa veuë
sur le Royaume de Ly-
bie ; où Venus triste
& les yeux baignez de
pleurs, le voyant penser
aux choses * de ce mon-
de, prist occasion de luy
parler en ceste sorte.

** Vn bon
succés ar-
riue àceux
qui sont
regardez
de Iupiter.*

** Il parle
selon les
Stoiciens,
vne autre
fois selon
les Epicu-
riens.*

Grand Dieu qui gou-
uernez le Ciel & la Ter-
re par vne eternelle &
souueraine authorité, &
qui vous faites obeir par
la terreur de voſtre fou-
dre ; quel grand forfait a
peu commettre mon fils
Enee ? En quoy les pau-
ures Troyés vous ont-ils
ſi fort offenſé ; qu'apres
tant d'hommes perdus,
l'accez de toute la Terre
leur ſoit ainſi dénié pour
la ſeule conſideration de
l'Italie?

Vous m'auiez promis
que du ſang de Teu-

cre * remis en honneur, sortiroient auecque le temps, des Capitaines Romains qui auroient l'entiere domination de la mer & de la terre : Qui vous a faict changer d'opinion, cher Pere ? A la verité ceste promesse me consoloit, & me faisoit porter auec moins de regret la decadéce & la ruine déplorable de Troye; recompensant la tristesse de l'vn, par le contentement que vous me faisiez esperer de l'autre. Neantmoins la mesme

fortune qui les a tant affligez, les pourfuit encore auiourd'huy plus ri-
goureufement que ia-
mais. Grand Roy, quelle
fin mettez - vous à nos
trauaux?

Antenor fauué du
milieu des Grecs , a bien
peu , franchiffant mille
deftroicts , arriuer aux
ports de l'Efclauonie, fe
rendre fain & fauf au
fonds du royaume des
Liburnois , penetrer les
Alpes, & en fin paffer la
fource de la Brente ;
qui roulant , par neuf

conduits, son large tri-
but en la mer, fait esclater la montagne , & de
ses eaux bruyantes raua-
ge les plaines d'alentour,
Toutesfois il a bien eu le
credit de fonder en ce
lieu la ville de Padouë;
où apres auoir placé les
Troyens, fait porter son
nom à ce noueau peu-
ple, planté les armes d'I-
lion sur ses bastions, il se
repose maintenant en as-
seurance à l'ombre de la
paix.

Et nous qui sommes
de vostre sang, à qui mesmes

mes vous promettez là
haut au Ciel vne *retrai-
te en voſtre Palais; la lon-
gueur du temps & l'in-
clemence de la mer, nous
ayants deſpourueus de la
meilleure partie de nos
vaiſſeaux; pour ſatisfaire
à la colere d'vne ſeule,
nous ſommes, ô indi-
gnité grande! perſecu-
tez du Ciel, rebuttez de
tout le monde, & recu-
lez des ports d'Italie, que
nous cherchons il y a
tant d'annees, ſans y pouuoir atteindre. Eſt-ce la
recompenſe & l'hôneur

* A cauſe
d'Enee qui
fut au nõ-
bre des
Dieux,
appellé
Iupiter
indiges.

C

que ceux qui honorent les Dieux & leurs paréts, doiuent esperer ? Nous restablissez-vous en nostre Empire de la sorte?

A ceste plainte Iupiter souriát à sa fille du visage mesme qui rasserene le Ciel quand il est troublé d'orages , l'appaisa d'vn baiser accompagné de ceste response.

Ne crains point, belle Cytheree ; ce que les Destins ont arresté pour les tiens est immuable:tu verras vne * puissante ville..& les murs de Lauine qui t'ont esté promis:

Ton Enee sera Dieu, &
haut esleué dans le ciel,
brillera parmy les estoi-
les ; au reste, ne croy pas
que i'aye changé d'auis.

Ce magnanime Enee
(car ie te diray ce qui en
est, puis que tu es en peine de le sçauoir, & repre-
nant de plus loin l'histoire du temps à venir, ie te
découuriray le secret des
fatalitez) aura de fortes
guerres en Italie, domte-
ra l'orgueil de ceste na-
tion farouche, prescrira
des loix aux veincus, les
bridera de fortes murail-

les , iusques à tant que le
troisiesme Esté l'ait veu
regner sur les peuples Latins , & que trois Hyuers
se soient escoulez sur
l'entiere deffaite des Ru-
tulois.

Mais son fils Ascagne,
à qui on donne mainte-
nant le surnom d'Iüle,
(on l'appelloit Ile tant
que l'estat florissant d'I-
lion a duré) en son regne
verra l'accomplissement
de trois grands cercles
d'annees remplies de la
reuolution parfaicte de
leurs mois ; transferera le

siege de l'Empire, de La-
uine, & baſtiſſant Albe-
longue, la fortifiera d'armes & de tours, pour
l'ennoblir de ſa demeure
& de ſa Cour.

Là de pere en fils, la
race du grand Hector
tiendra le ſceptre l'eſpa-
ce de trois cents ans, tant
que la religieuſe Ilie, fille de Roy, & groſſe de
Mars, accouche de deux
enfans d'vne ventree. A-
lors Romule gayement
reueſtu de la peau rouſſe
de ſa * nourrice, prendra
le gouuernement de l'E-

** Romule
à la façon
des Pa-
ſteurs ſe
couuroit
de la peau
de la Lou-
ue qui l'a-
uoit nour-
ry.*

stat , tracera l'enceinte
des murailles Martialles,
& de son nom appellera
ces peuples, Romains.

A ceux là ie ne limite
ny le pouuoir ny le téps;
l'Empire que ie leur ay
donné ne finira iamais:
mesmes la fascheuse Iu-
non , qui de crainte re-
mue maintenant la mer,
la terre & le Ciel , chan-
geant de dessein , con-
uertira sa haine en fa-
ueur, & sera bien aise vn
iour de supporter les Ro-
mains auecques moy, na-
tion qui en longue robe,

se rendra maistresse de l'Vniuers ; car telle est ma volonté. La cour-se glissante des saisons amenera le temps , que les descendants de l'an-cienne maison *d'Assa-race reduiront en serua-ge *Phthie , la triom-phante ville de Mycenes, & qu'ils se feront seruir aux Grecs assuiettis sous leur pouuoir.

*Assara-ce engen-dra Ca-pys, Capys Anchise, pere d'E-nee.
* Pays d'Achille.

Cæsar *Troyen d'ex-traction prenant sa nais-sance d'vn beau tige, bornera ses conquestes de l'Ocean, & des Astres

* Il faict venir les Empe-reurs Ro-mains d'Iule fils d'Enee.

la renommee de ses bel-
les actions : Cæsar, dis-
ie, appellé Iules, du surnom tiré de ce grand Iü-
le. Ce sera luy qu'vn iour
(deliuree du soin qui
t'afflige maintenant) tu
receuras au Ciel encores
tout chargé des despoüil-
les de l'Orient ; mesmes
tu auras le contente-
ment de le voir inuo-
quer entre les Dieux.

Alors toute guerre
cessant, la paix adoucira
la rigueur des siecles bar-
bares: l'ancienne foy se-
ra gardee; les Dieux se-

ront honorez; *Auguste
assisté de son cher Agrip-
pe, rédra la iustice à tout
le monde : les horribles
portes du Temple de la
guerre seront closes de
barres de fer, & de liai-
sons tres-estroites; la Fureur ciuile qui rongeoit
l'Empire au dedans, assise
sur les espouuentables
monceaux de ses armes,
les bras liez & garrottez
sur le dos de cent chais-
nes d'airain, grinçant af-
freusement les dents, tes-
moignera sa rage d'vne
bouche ensanglantee.

C v

Ainfi parla Iupiter, &
à l'heure mefme depef-
cha Mercure du Ciel, à
fin que la mer & les por-
tes de la nouuelle Car-
thage fuffent ouuertes
aux Troyens, & de crain-
te que Didon par igno-
rance du Deftin les re-
pouffaft de fes haures.
Luy volant par la cam-
pagne fpacieufe de l'air,
rama tant auecques fes
aifles, qu'en moins d'vn
rien il fe veid aux fron-
tieres de Lybie ; & ne fe
fut pas pluftoft acquitté
de fa charge que les Car-

thaginois amollis par ſes
inſpirations , ne depo-
ſaſſent leurs courages
naturellement farouches
& endurcis. Sur tous la
Reyne eſloignee de tou-
te deffiance, conçoit vne
bonne affection enuers
les Troyens.

Mais Enee veillant
toute la nuict, & penſant
à diuerſes choſes, delibe-
ra ſi toſt qu'il ſeroit iour,
d'aller recognoiſtre en
quelle contree de la ter-
re il eſtoit abordé, reſolu
de ſçauoir (parce qu'il ne
voyoit rien qui ne fuſt

desert) si c'estoient hommes ou bestes sauuages
qui fussent habitans de
ce lieu, & de rapporter
aux siens ce qu'il en au-
roit appris.

Il recele donc sa flotte
sous la voute pendante
d'vn rocher, à l'abry d'v-
ne forest qui l'enuiron-
noit de toutes parts, &
l'ombrageoit d'vne af-
freuse obscurité. De là
suiuy, pour toute cōpa-
gnie, de son * Achate, il
s'achemine maniāt deux
jauelots estoffez d'vne
large poincte. Et comme

* Achate
accompa-
gnoit E-
nee, car
ἄχος en
Grec, veut
dire soin,
qui accō-
pagne les
Roys.

il eſtoit deſia bien auan-
cé dans le bois , ſa mere
vient à la rencontre de
luy , portant le viſage
feint , les habillements
& les armes d'vne *fille de
Sparte ; ou bien repre-
ſentant en ſon maintien
la gentille Harpalyce,
Princeſſe de Thrace ,
quand elle picquoit ſes
cheuaux, & paſſoit l'He-
bre à la * courſe ; fleuue ſi
rapide que les eaux en
ſemblent voler : Car à la
façon des chaſſereſſes du
païs, vn arc leger & naïf-
uement élabouré , luy

pendoit sur l'espaule; les
vents se ioüoient de ses
cheueux, & les plis on-
doyants de sa robbe re-
troussez d'vn nœud sur
le dos, monstroient à dé-
couuert les genoux de
ceste vierge déguisee, qui
les aborda la premiere de
ceste demande.

Caualliers, dist-elle, si
d'auenture vous auez
point veu quelqu'vne de
mes sœurs égaree dans
ces bois, ceinte (vne
trousse de fleches au co-
sté)de la peau d'vn Lyn-
ce marqueté ; ou bien

fuiuant à cor & à cris les
voyes d'vn fanglier efcu-
mant; ie vous prie enfei-
gnez-la-moy. Aux paro-
les de Venus fon fils re-
fpond en cefte forte.

Nous n'auons oüy ny
veu paffer aucune de vos
fœurs : Mais, ô vierge, de
quel nom vous dois-ie
appeller ? car vos regards
n'ont rien de mortel, &
vos paroles n'ont point
les accents d'vne voix
humaine: ô Deeffe en ef-
fect, quiconque puiffiez-
vous eftre ; ou la fœur de
Phœbus, ou bien quel-

qu'vne de la race des
Nymphes de ceste forest,
soyez-nous fauorable,
soulagez nos ennuis , &
nous apprenez sous quel
climat du Ciel , en quel
recoin du Monde, nous
sommes jettez ; car nous
errons icy sans cognoi-
stre les peuples ny les
lieux où la tourmente
nous a forcez d'aborder:
Et en recognoissance de
ce bien-faict nous im-
molerons maintes victi-
mes aux pieds de vos Au-
tels.

Ce n'est pas à moy,

repliqua Venus, à qui on
doit rendre cet * hōneur;
mais les filles de Tyr ont
accoustumé de porter le
carquois, & de serrer le
haut de leur greue d'vne
bottine rouge, quand el-
les vont à la chasse. Vous
voyez le Royaume de
Carthage, les peuples
nouuellement venus de
Sidon, & la ville que ba-
stissent les descendants
d'Agenor : *Ceste fron-
tiere est de Lybie, païs
que la force des armes ne
peut domter : à present
Didon y commáde sou-

uerainement, estant ve-
nue de Tyr qu'elle aban-
donna pour éuiter la ty-
rannie de son frere:L'hi-
stoire du tort qu'elle receut auec toutes ses par-
ticularitez , est de long
discours, mais ie vous de-
duiray sommairement,
comme la chose s'est pas-
see.

Ceste Reyne eut au-
trefois pour mari Sichee,
le plus riche , & le plus
grand terrien qui fust
entre les Pheniciens ,
qu'elle aymoit d'vne af-
fection démesuree; son

pere la luy donna ieune fille, & l'allia de ce Prince en premieres nopces. Or le Royaume de Tyr estoit pour lors entre les mains de son frere Pygmalion, qui surpassoit en méchanceté tous les freres que la fureur a iamais poussez aux actions cruelles & desloyalles.

Ce barbare aueuglé d'vn desir insatiable de l'or, surprist en sacrifiant le pauure Sichee, & sans respect du lieu, le tua secrettement deuant les Autels; peu soigneux du

plaisir qu'vn nouueau
mariage permettoit à sa
sœur ; à laquelle pour vn
temps il cacha ce forfait,
cōtrouuant tous les iours
(artificieux qu'il estoit)
de nouuelles ruses dont
il entretenoit & alloit
abusant ceste ieune Da-
me , qu'vne vaine espe-
rance faisoit mourir
de tristesse & de regret.
Mais en fin l'ombre de
son mary à qui on n'a-
uoit point rendu le de-
uoir de sepulture, s'ap-
parut à son lict, & leuant
son visage palle & défi-

guré, luy fift veoir les
autels cruellement ta-
chez de son sang, luy
móstra son estomac per-
cé de coups d'espee, &
luy reuela toute l'impie-
té que l'enclos de sa maison tenoit couuerte; luy
conseillant au reste de
s'enfuyr; & luy dece-
lant, pour l'ayder à ce
voyage, de vieux tresors
cachez sous la terre, &
des sommes innombra-
bles d'or & d'argent que
personne que luy ne sça-
uoit.

Didon fort esmeuë de

ceste vision, ne cerchoit
plus que l'opportunité
d'auancer son depart ; &
comme elle estoit en pei-
ne de s'asseurer de gens
pour l'accōpagner ; tous
ceux ausquels la haine
crüelle de ce Tyran, & la
crainte estoit insuppor-
table, la vont trouuer, se
liguent auec elle, s'em-
parent à coup des vais-
seaux qui estoient prests
de faire voile, & en diligence les chargent d'or
& de richesses : si bien
que par la conduite d'v-
ne simple femme, la mer

emporta les trefors que l'auare Pygmalion auoit iniuftement recherchez.

Or ils firent tant qu'auec leur butin ils arriuerét en cet endroit où vo⁹ verrez bien toft les puiffants murs & les tours de la neuue-Carthage elleuer leurs pointes iufques dans le Ciel : & d'abord pour fe fortifier acheterent fur le riuage autant de terre, (qu'ils appellerent Byrfe du nom de la chofe) que le cuir d'vn bœuf en pourroit enuironner.Mais vous autres

qui estes-vous? de quelle
partie du monde estes-
vous icy venus? quel che-
min voulez-vous tenir?
A ceste demande, Enee
jettant vn long souspir,
& tirant sa parolle du
fonds de l'estomac, fist
vne telle response.

O Deesse, si ie voulois
d'vn bout à l'autre suiure
le fil de ce discours, &
que vous peussiez enten-
dre à loisir l'histoire de
nos trauaux; auant que
i'eusse acheué, la brune
Vesper tirant les voiles
du Ciel, auroit finy la

iournee

iournee. Si d'auenture
vous auez iamais ouy
parler de Troye ; ſi le
deſaſtre de ce fameux
Empire eſt venu iuſques
à vos oreilles ; c'eſt de là
que nous ſommes partis,
& que la tempeſte , apres
nous auoir long-temps
promenez ſur la mer ,
nous a pouſſez de fortu-
ne à ceſte coſte deLybie.
Ie ſuis Enee, cogneu dás
le Ciel par la reputation
de ma bonté; ie porte ſur
mes vaiſſeaux auecques
moy mes Dieux, que i'ay
tirez des flammes & de la

D

main des ennemis ; ie
cherche l'Italie , mon
pays , & le lieu d'où mes
*ancestres extraits de la
race du grand Iupiter,
sont autrefois partis. De
vingt nauiresque i'auois,
quand par la conduite
de ma mere Venus, &
suiuant la loy des De-
stins , ie m'embarquay
sur l'Hellespont ; à grãd'
peine m'en voy-ie sept
de reste, encore à demy
rompus & brisez des
vents: moy-mesme ayãt
esté repoussé de l'Asie &
de l'Europe , incogneu,

*Il entẽd
parler de
Dardan
qui en e-
stoit sorty.*

miſerable & deſnué , ie
ſuis maintenant reduit à
vaguer parmy ces de-
ſerts. Venus touchee de
pitié ne luy permiſt pas
d'acheuer le reſte, & l'in-
terrompant au milieu de
ſa plainte le conſola de
ceſte repartie.

Qui que vous puiſſiez
eſtre, puis que vous auez
atteint la ville de Car-
thage, ie ne puis croire
que vous viuiez en la diſ-
grace des Dieux ; conti-
nuez ſeulement, & quit-
tant ces lieux eſcartez, a-
cheminez - vous droict

au Palais de la Reyne; car
ie vous porte la nouuel-
le que vos gens sont ga-
rantis du peril , & que
les Aquilons s'estants
tournez, ont poussé l'au-
tre partie de vostre flotte
en lieu d'asseurance; ou
bien mes parents m'ont
deceuë , & ne m'ont pas
bien appris la science de
deuiner les choses par les
coniectures.

Qu'ainsi ne soit, voyez
douze Cygnes qui s'es-
gayent à voler en troupe;
tantost l'oiseau de Iupi-
ter fondant sur eux, du

sommet de la nuë , les
troubloit au milieu du
Ciel, & maintenant dif-
posez en long, on diroit
à les voir abaisser leur
vol , ou qu'ils veulent
choisir vne place sur terre pour s'asseoir, ou bien
qu'ils la considerent a-
pres l'auoir choisie : Voyez, dis-ie , comme res-
chapez , ils se ioüent par
le batement de leurs ai-
les ; & cernants le Ciel
d'vn escadron blanchis-
sant, comme ils font es-
clater l'air d'vn chant de
resiouyssance.

D iij

De mesmes, vos naui-
res & la fleur de vos amis
sont arriuez au port, ou
bien prests d'y surgir à
pleines voiles ; auancez-
vous seulement, & vous
adressez où le chemin
vous conduira. Elle cessa
de parler, & se tournant,
son col vermeil rendit
vne clarté qui effaçoit le
lustre des plus belles ro-
ses ; de ses cheueux par-
fumez d'ambrosie, sortit
vne diuine odeur ; sa ro-
be retroussee luy deualla
iusques aux talons, & à
son marcher elle fist ou-

uertement paroiftre fa
diuinité. Alors Enee re-
cognoiffant fa mere, &
ne la pouuant aborder,
comme elle fe retiroit, la
fuiuit de ces paroles.

A quelle occafion,
auffi cruelle en mon en-
droict que les autres
Dieux, vous deguifez-
vous fi fouuent en tant
de formes pour m'abu-
fer? Au moins que ne me
permettez-vous de tou-
cher voftre main ; de
vous ouyr parler fans
feintife comme mere, &
de vous refpondre com-

me fils?

Voila les reproches
qu'il faisoit à sa mere ; &
neantmoins s'achemi-
noit tousiours vers la ville : mais à mesure qu'ils
marchoient, Venus à qui
rien n'est impossible, les
enuironna d'vn air tene-
breux, & les reuestit du
voile obscur d'vne épesse
nuee, afin que personne
ne les peust voir ny tou-
cher ; mesmes de peur
qu'on ne se mist en de-
uoir de les retarder sous
ombre de s'enquerir de
la cause de leur venuë. La

Deeſſe au partir de là s'en
retourna parmy l'air à
Paphos, & toute riante
s'en alla voir ſon deli-
cieux ſejour ; où elle a
dans vn Temple iuſques
à cent autels, qu'vn en-
cens de Saba faict ordi-
nairement fumer en ſon
honneur ; & que les filles
du pays vont de iour en
iour parant de la fraiſ-
cheur odorante de mille
ſortes de fleurs.

Eux cependant auan-
cerent leur chemin par
le ſentier qui les gui-
doit : & deſia peu s'en

falloit qu'ils n'eussent atteint le haut d'vn grand
costau qui commande à
la ville, & d'vn front esleué regarde orgueilleu-
sement ses grosses tours,
qui se veulent opposer à
sa hauteur. Enee s'eston-
ne de prime-face, voyant
en vn lieu qui n'agueres
seruoit de retraicte aux
pescheurs, des bastiméts
si forts & si superbes; il
admire les grands por-
taux; le bruit du peuple
qui entroit & sortoit; le
compartiment des rues
droictes & spacieuses;

considere les Tyriens
qui s'employoient cou-
rageusement à la beson-
gne : les vns estoient oc-
cupez à l'estendue des
murailles, aux fortifica-
tions, & sousleuoient de
gros quartiers de taille à
force de bras : ceux-cy
choisissoient des places
pour bastir, & d'vne raye
de charrue marquoient
l'enceinte des murs de la
ville, eslisoient des magi-
strats, ordonnoient vn
Senat dont l'authorité
seroit inuiolable ; Vne
partie creusoit la terre

pour dresser l'aduenue
du port ; icy on iettoit
les fondemens profonds
des theatres, & pour les
enrichir quelque iour,
les autres alloient tailler
és prochaines perrieres,
des colomnes d'vne grá-
deur incroyable & des-
mesuree.

Trauail en somme qui
representoit naïuement
l'exercice des Abeilles,
quád aux premiers iours
de l'Esté, elles vont aux
rais du Soleil, piccorer
par les champs esmaillez
de diuerses fleurs, & ti-

rent de leurs ruches leurs
petits qui font en âge de
fe pouruoir ; ou bien
quand elles efpefliffent
leur miel encore tout
pur & diftillant, & font
regorger leurs petites lo-
gettes d'vn nectar fauou-
reux; ou foit que les vnes
reçoiuent au dedans le
butin que les autres ap-
portent de dehors, & que
par bandes elles facent la
guerre aux freflons, pour
chaffer de leurs toits ce
beftail pareffeux, & de
nulle valeur. Vous les
voyez toutes empefchees

à cet ouurage, & sentez
leur miel parfumé, de
thym, qui respand vne
tresbonne & tres-dele-
ctable odeur.

Alors Enee regardant
auec estonnement les
hauts sommets de Car-
thage ; O que ceux-là
sont heureux, dist-il, qui
de leur viuant voyent
l'acheminement de leurs
desseins : Et de ce pas
continuant son chemin,
(tousiours enuironné de
la nuee) il passe, chose
merueilleuse, au trauers
de ceste multitude sans

que perſonne le voye.

Il y auoit au milieu de
la ville vn bois ſacré, fort
plaiſant à cauſe de ſon
ombre , où les Tyriens
pouſſés de l'orage, ayants
premierement abordé,
trouuerent en beſchant
la terre, la teſte d'vn che-
ual, (animal genereux &
nay pour les combats)
par lequel Iunon qui
preſide aux Empires, leur
dónoit à cognoiſtre que
les peuples qui ſe vien-
droient habituer en ce
lieu, y viuroient à ſou-
hait, & auecque le temps

se rendroient excellents
& remarquables au faict
de la guerre. Didon pour
lors y faisoit bastir vn
grand Temple en son
honneur, qui estoit d'au-
tant plus enrichi de dons
& d'offrandes, que le
pouuoir de la Deesse y
estoit recogneu & signa-
lé. L'entree magnifique-
ment releuee par degrez;
les liaisons des poutres,
les cloux & les portes e-
stoient d'airain.

Ce fut là qu'vne nou-
uelle rencontre commen-
ça d'amoindrir la

crainte d'Enee ; où pre-
mierement il osa bien
esperer de son salut , &
qu'il eut meilleure opi-
nion de ses affaires que
iamais . Car attendant
l'heure que la Reyne
vint au temple, comme il
en consideroit toutes les
singularitez, & qu'en la
diuersité des ouuriers, &
en la correspondance
qui estoit entr'eux , pour
la conduite d'vn ouura-
ge si penible , il alloit ad-
mirant le bon-heur que
la Fortune contribuoit à
la naissance & au progrés

de ceste ville ; voicy qu'il
apperçoit les guerres &
tous les cōbats de Troye,
figurez au mesme ordre
qu'ils estoient auenus
sur les lieux, & dont la
Renommee auoit desia
semé le bruit par tous les
coings de l'Vniuers.

S'approchant de plus
pres il y remarque les
deux enfans d'Atree, A-
gamemnon & Menelas;
le Roy Priam aussi : mais
voyant Achille qui s'e-
stoit porté si cruellement
à l'endroit des vns & des
autres, il arresta ses pas

auecques sa veuë, & ne
pouuant plus retenir ses
pleurs, En quel endroit,
dist-il, cher Achate, en
quelle contree du mon-
de pourrons-nous aller,
où nos malheurs ne soiét
desormais publiez ? Ce
n'est pas icy la figure de
Priam, vous diriez que
c'est luy-mesmes qui a-
nime ce tableau ; encore
sa vertu trouue-telle icy
quelque recompense; il
faut bien dire qu'en ce
pays on deplore son des-
astre, & que nos infor-
tunes ont touché le cœur

de ceux qui les ont si
naiuement faict repre-
senter. Sus donc, Enee,
n'ayes plus de crainte;
peut-estre que le raport
de ceste nouuelle sera la
cause de ton bon-heur.

Il soulageoit son es-
prit affligé de ces consi-
derations, & du vain ob-
iect de ceste peinture,
souspirant amerement,
& noyant son visage
d'vn ruisseau de lar-
mes qui couloient de
ses yeux ; car il voyoit
d'vn costé comme en v-
ne charge qui se faisoit

aux enuirons des murs
de Troye, les Grecs se
mettoient à la fuite ; la
ieunesse Troyenne qui
les suiuoit de pres : de
l'autre les Phrygiens en
desroute, & le vaillant
Achille armé d'vne sal-
lade releuee d'vne horri-
ble creste, qui les pres-
soit sur son * char, & les
alloit foudroyant les ar-
mes à la main.

** Les grãs Princes cõbatoient dans des chariots.*

De là, continuant ses
pleurs, il s'en va tout ioi-
gnant recognoistre les
tentes blanches de Rhese
Roy de Thrace, que le

sanglant Diomede à qui
on les auoit decelees, surprenant au premier som-
me de la nuit, saccageoit
& remplissoit de carna-
ge, faisant enleuer & cõ-
duire en son camp ses
cheuaux esclatants de
blancheur , auant qu'ils
eussent le téps de gouster
les fourrages de Troye,
& pluftoft que les eaux
de Xanthe les eussent
abbreuez.

En vn autre lieu de ce-
ste peinture, Troïle fuy-
ant apres auoir perdu ses
armes, (ieune Prince mal-

auisé d'auoir voulu combattre Achille, n'estant ny de force ny d'age, son egal) emporté de ses cheuaux, estoit prest de tomber à la renuerse de son chariot qui erroit à l'auenture sans conduite, toutesfois tenant encore les resnes, bien que sa teste pendante allast baloyant la terre de ses cheueux, & que la poussiere se rayast en roulant, du fer de la jaueline dont il estoit outre-percé.

Cependant les Dames de Troye portans le voi-

le par deuotió, & meur-
trissants leurs poictrines
de coups, d'vne façon
triste & suppliante, al-
loient, toutes escheue-
lees, au Temple de la cruelle Pallas, laquelle fort
irritee, tenoit fixement
les yeux baissez contre
terre, & ne les vouloit
pas seulement regarder.

Achille y vendoit auf-
si à prix d'argent le corps
d'Hector, apres l'auoir
traisné par trois fois à
l'entour des murs d'I-
lion. Alors Enee n'eut
pas si tost apperceu les
dépouilles

dépouilles , le chariot & son amy dépourueu de la vie , que redoublant ses gemissements , il ne fist sortir mille sanglots du plus profond de son estomac ; mesmes y voyant le roy Priam qui tendoit honteusement ses mains desarmees , pour donner la rançon , & receuoir le corps de son pauure fils. Là mesmes il se recogneut meslé parmy les Princes Grecs, & discerna facilement les armes, & les troupes enuoyees d'Orient au secours de Troye sous la conduitte du negre * Memnon.

D'vn autre costé la Reyne Pentesilee à la teste de ses Amazones, dõt les escus estoient faicts en forme de croissant, transportee d'vn courage guerrier, se faisoit large au plus fort de la presse des ennemis; & tenant vn bouclier d'or attaché sous sa mamelle décou-uerte, ieune Princesse qu'elle estoit, ne craignoit pas de s'attaquer aux plus rudes Caualiers.

* *Fils de Tithon & de l'Aurore Roy d'Ethiopie*

Cependant qu'Enee regardoit auec admiration toutes ces choses; & que pour les considerer les vnes apres les autres, ses yeux le tenoient collé sur cet obiect ; voicy que Didon, Reyne parfaictement belle, arriue au Temple, accompagnee d'vne troupe de ieunes gens qui la gardoient.

Qui a iamais veu Diane qu'vn nombre infiny d'Oreades va suiuant en rond, quand elle meine la dance sur les bords

d'Eurote, ou bien fur les
hauts fommets de Cyn-
the ? Cefte chafferefle
porte vne trouffe de fle-
ches fur le dos, & mar-
chant grauement furpaf-
fe de taille & de port
toutes les autres Nym-
phes, d'où l'on peut voir
qu'elle reffent vn plaifir
fecret qui luy touche le
cœur. Telle eftoit Di-
don; elle paroiffoit de la
forte au milieu des fiens,
donnant ordre à fes ba-
ftiments, & à fon Empi-
re qui ne faifoit encore
que commencer.

Celà faict, elle se va rendre au milieu de la nef du Temple, à l'entree du lieu secret où estoit la Deesse, & seant en son throsne haut esleué, enuironnee de ses gardes, comme elle rendoit la iustice à ses suiets, faisoit des ordonnances, & distribuoit égalemét à chacun, ou bien tiroit au sort, la tasche des ouurages; Enee vit en vne gráde confusion de peuple, arriuer Antee, Sergeste, Cloanthe si recogneu par sa valeur, & plusieurs

autres Troyens que la
tourméte dispersant par-
my la mer, auoit jettez
en des lieux fort esloi-
gnez de là.

Si ce Prince fut eston-
né de ceste veuë, Achate
le fut encore dauantage;
& tous deux ensemble
surpris d'vne peur entre-
meslee de ioye, bruloient
d'vn extreme desir de les
embrasser; mais le doute
où ils estoient, troubloit
leur iugement : ils dissi-
mulent donc, & se tien-
nent secrets sous le voi-
le de ce profond nuage,

pour découurir quelle
fortune leur pouuoit e-
ftre auenuë, qui les ame-
noit, & où ils auoient
laiſſé leur flotte ; car ils
eſtoient tous choiſis de
chaque vaiſſeau , & s'a-
cheminants vers le Tem-
ple auec de grands cris,
fupplioient qu'on les ex-
cufaſt , & qu'ils ne de-
mandoient autre choſe
que la paix. Or apres que
on les eut faict entrer, &
que le congé de parler à
la Reyne leur fut donné,
le bien - diſant Ilionée,
d'vn viſage conſtant &

rassis, commença de la
sorte.

Grande Reyne à qui
par vn bon-heur parti-
culier Iupiter a faict la
grace de bastir vne puis-
sante ville, & de regner
par equité sur des peu-
ples orgueilleux & fa-
rouches; nous sommes
Troyens, miserables &
affligez, que les vents ont
traisnez par tous les en-
droicts perilleux de la
mer; nous supplions vo-
stre Majesté, de ne per-
mettre point que l'on
vienne mettre le feu dás

nos vaisseaux; & traittant
fauorablement vne na-
tion debonnaire, auoir
plus d'égard au deplora-
ble estat où l'inconstan-
ce des choses humaines
nous a reduits. Nous ne
sommes pas icy venus à
dessein de piller par la
violence des armes, vos
sujets de la coste de Ly-
bie, & charger, comme
pirates, la mer de nostre
butin; quand bien nous
aurions le courage de
l'entreprendre, gens a-
batus & recreus comme
nous sommes, n'auroient

pas la force de l'execu-
ter.

Il y a parmy le Mon-
de vne Prouince que les
Grecs surnommét * Hes-
perie, pays de toute an-
cienneté puissant en ar-
mes, fertile & riche en
toute sorte de biens. Au-
tresfois les Oenotriens
l'ont habité, & le cõmun
bruit est maintenant que
du nom d'vn sien Prince,
la posterité suiuante le
voulut appeller Italie.
C'estoit là que nous fai-
sions voile, quand le nua-
geux Orion s'esseuant à

** Par la
grande
Hesperie il
entend l'I-
talie, par
la petite
l'Espagne.*

coup, nous poussa d'vn flot precipité, sur des sables incogneus, & par la fureur des vents outrageux, nous chassa (la mer venant à s'enfler) au trauers des bancs & des rochers inaccessibles ; de sorte qu'estants restez en petit nombre nous-nous sommes venus sauuer à vos riuages.

Mais quelle sorte de gens auez-vous icy ? En quel pays, tant barbare puisse-til estre, ceste façon de faire est-elle approuuee ? On ne nous permet pas de loger sur le sable ; & prouoquant le peuple aux armes contre nous, on nous defend de nous tenir seulement à l'entree de la terre pour nous reposer. Si vous dédaignez icy les hommes, si vous mesprisez leur puissance fragile & variable ; au moins deuez-vous craindre les Dieux, qui se souuiennent de recompenser & punir tost ou tard les bonnes & les mauuaises actions.

Nous auions Enee pour nostre Roy, si iuste

& si pieux, que la terre ne
porte point vn plus hô-
me de bien ; vn Prince
plus grand en conseil,
plus courageux, ny plus
adroiçt aux armes que
luy. Que si les Destins
nous le conseruent, s'il
est encore en estat de res-
pirer l'air ; & qu'vne cruelle mort ne l'ait point
enuoyé là bas entre les
ombres , nous ne crai-
gnons pas que vous-vous
repentiez iamais de l'a-
uoir preuenu la premie-
re de courtoisie, en nous
obligeant de vostre fa-
ueur.

Dauantage, nous auõs des villes & des armes en Sicile, & Aceste issu du sang illustre de Troye à nostre deuotion. Qu'il nous soit donc loisible de tirer sur le riuage nos vaisseaux que les vents ont fracassez, de couper en vos forests du bois propre à les raccoustrer, & d'esbrancher quelques ieunes arbres pour nous seruir d'auirons: afin que si de hasard (ayants re-couuert nostre Prince & nos compagnõs) le bon-heur nous permet d'aller

en Italie , nous facions
ce voyage auec plus d'a-
legreſſe & de ſeureté.

Mais ſi celuy-là n'eſt
pas ſauué , duquel tout
noſtre ſalut depéd; s'il eſt
ainſi que la mer de Lybie
vous engloutiſſe, (reſtau-
rateur des Troyens , qui
meritiez pluſtoſt le nom
de pere que de Roy) &
que deſormais nous ne
deuions plus rien eſpe-
rer d'Iüle; au moins pour
noſtre dernier refuge,
nous reprenions nos bri-
fees vers laSicile,où nous
trouuerons vne retraite

asseuree à la cour d'Ace-
ste , d'où nous sommes
venus. Quand Ilionee
eut ainsi parlé , vn bruit
sourd s'esleua parmy les
Troyens, qui d'vne com-
mune voix approuuoiét
tous ce qu'il auoit dit : &
lors Didon baissant à de-
my les yeux , franche-
ment & en peu de mots,
leur fist entendre ce qui
estoit de sa bonne vo-
lonté, par ces paroles.

Troyens , chassez le
soin qui vous afflige, que
la crainte ne se loge plus
en vos cœurs : vn suject

fort eſtrange , & l'enuie
qui accompagne touſ-
iours les nouueaux Em-
pires, me forcent contre
mon naturel de viure
en la defiance que vous
voyez , & de conſeruer
l'eſtendue de mes coſtes
par vne bonne garde. A
qui penſez-vous que la
race d'Enee ſoit inco-
gneuë ? Qui n'a point
ouy parler de la fameuſe
Troye, & de la valeur de
tant de braues hommes
que l'embrazement d'v-
ne ſi forte guerre en a
chaſſez? Encore n'auons

nous pas , nous autres
Carthaginois, l'esprit si
grossier, que nous ne sa-
chions ce que peu de gés
ignorent ; & le Soleil at-
telant au matin ses che-
uaux pour enflamer le
Monde, ne se destourne
pas tant de nostre ville
de Carthage.

Soit que vous desiriez
aller en Italie voir les cá-
pagnes de Saturne , ou
bien en Sicile visiter la
sepulture * d'Eryx , &
vous retirer auec Aceste,
ie vous laisseray partir
auec asseurance , & vous

** Fils de Venus qui fut ense-uely en ceste monta-gne.*

aideray de moyens: mef-
mes vous voulez - vous
icy arrefter en mon Roy-
aume auecques moy? La
ville que ie fais baftir eft
à voftre commandemét.
Faites calfeutrer vos na-
uires, ie vous l'accorde.
Et à la mienne volonté
que voftre Prince Enee
fuft maintenát icy pouf-
fé du mefme vent qui
vous y a iettez; ne dou-
tez point que ie n'en-
uoye chercher expres le
long des riuages, & que
ie ne face vifiter d'vn
bout à l'autre, la frontie-

re de Lybie, pour voir,
si restant en vie apres le
naufrage , il se seroit
point arresté en quelque
ville, ou bien egaré en
quelque forest proche
de la coste.

Au premier mot de
ceste fauorable respôse,
Enee & Achate sentants
releuer leur courage, de-
siroient auec impatience
sortir de la nûe , & en
ceste ardeur Achate pre-
uenant Enee: fils de Ve-
nus, dist-il, à vostre auis,
que deuons-nous faire
maintenant? vous voyez

que toutes chofes nous
rient; voftre flotte & vos
gens font à couuert ; vn
feul nous defaut, encore
l'auons - nous veu perir
au milieu des flots; le furplus s'accorde heureufe-
ment aux promeffes de
voftre mere.

A peine auoit-il fer-
mé la bouche à ce pro-
pos, que la nuee qui les
entouroit, venant à fe
rompre, s'exhala parmy
l'air, & fe conuertit en v-
ne vapeur claire & ferei-
ne : mais Enee demeu-
rant au iour, efclata d'v-

ne incomparable beau-
té ; à voir son visage & la
forme de son corps, vous
l'eussiés plustost pris pour
vn Dieu que pour vn hô-
me ; car ny plus ny moins
qu'vn artisan pour enri-
chir vn ouurage d'yuoi-
re, d'argent ou de mar-
bre, d'vne main indu-
strieuse l'enchasse cu-
rieusement en de l'or ;
de mesme la mere des a-
mours auoit soigneuse-
ment frizé les beaux che-
ueux de son fils, & luy
mettant aux yeux tous
les attraits d'vne verte &

riante ieuneſſe , l'auoit
pourueu d'vne grace qui
deuoit rauir de plaiſir &
d'amour, tous ceux qui
le verroient.

Ainſi donc reueſtu de
tant de charmes & d'ap-
pas, il ſe preſente ſoudai-
nement à la Reyne ; &
prenant la parole auant
que d'auoir eſté veu , &
ſans que pas vn de la cõ-
pagnie ſe doutaſt de ſa
venuë ; voicy, diſt-il, celuy que vous demandez,
cet Enee retiré de la fu-
reur des ondes de Lybie.

Princeſſe , qui ſeule

auez eu pitié de nos affli-
ctions, qui nous offrez,
non comme à des estran-
gers, vne douce retraite
en voſtre maiſon, mais
auſſi nous receuez pour
compagnons en voſtre
ville ; nous, dis-ie, qui
ſommes le demeurant
des Grecs, à qui la fortune a faict eſprouuer par
mer & par *terre, toutes
les miſeres qui ſe peu-
uent imaginer, deſnuez
& deſpourueus de toutes
choſes. Helas il n'eſt pas
en noſtre puiſſance, ny
de tous les Troyens qui
ſont

A cauſe de la peſte qui les af-fligea en Crete.

font * épandus, quelque part que ce soit, parmy le Monde, de vous remer-cier aussi dignemét que vous nous obligez: les Dieux (comme il y en a quelques vns au Ciel qui veillent pour les gens de bien) & s'il y a tant soit peu de iustice entre les hommes; s'il se trouue encore quelques bonnes ames qui se plaisent à bié faire pour la seule * amour de la Vertu; vous puis-sét à nostre defaut, rédre la recompense que vous meritez: Ha que le Sie-

** Helenus en Epire, Antenor à Padoue, Capys à Capoue, & les autres en Sardaigne.*

** Selon les Stoiciens qui disoiét que la vertu portoit sa recompense auec elle.*

cle * qui vous a portée, &
les parents qui vous ont
faict naistre si secoura-
ble aux affligez, estoient
heureux & dignes de
louanges ! Tant que les
fleuues se deschargeront
dans la mer, que les mon-
tagnes feront ombre à la
Terre, & que la voute ce-
leste soustiédra les estoi-
les ; en quelque lieu que
les Destins m'appellent,
vos honneurs se publie-
ront eternellement ; & le
Temps qui efface toutes
choses, ne flaitrira iamais
la gloire de vostre nom.

Ayant faict ce compliment à la Reyne, il touche de la main droite Ilionee, qu'il auoit en abſence recogneu pour ſon amy, Sereſte de la gauche, Gyas, le vaillant Cloanthe, & en ſuitte tous les autres Troyens qui eſtoient là. Didon à l'abord, voyant ce perſõnage, ne fut pas moins rauie de ſa bonne grace, qu'eſtonnee de ſa mau-uaiſe fortune ; & pour luy teſmoigner de bou-che le reſſentiment & le deſplaiſir qu'elle auoit

de l'vne & de l'autre, voicy ce qu'elle luy dist,

Quel étrange malheur
vous poursuit, & vous
faict courir tant de ha-
sards, veu que vous estes
fils d'vne Deesse ? Qui
vous a forcé d'approcher
d'vne coste si perilleuse?
Est-il possible que vous
soyez ce grand Enee, que
la belle Venus engédra *
d'Anchise, sur les * bords
du fleuue Simoïs ! Asseu-
rément ie me souuiens
que Teucre ayant esté
chassé de son pays, & cer-
chant à faire de nouuel-

** Pour s'ē
estre vāté,
il fut at-
teint dn
foudre, &
perdit vn
œil.*

** Les De-
esses & les
Nymphes
accou-
choient
aux enui-
rons des
bois ou des
riuieres.*

les conqueftes, vint vn
iour à Sidon implorer le
fecours de mon pere Be-
lus, qui en ce temps-là
rauageoit l'opulente Cy-
pre, & par la force des ar-
mesl'auoit affuiettie fous
fon pouuoir.

Deflors la ruine de
Troye venant à ma co-
gnoiffance, i'appris vo-
ftre nom, auec celuy des
Roys & Seigneurs Grecs
qui affifterét à cefte guerre; & vous diray, bien que
ce Prince fuft de party
contraire, neantmoins
qu'il n'y auoit forte de

loüange qu'il ne donnast
à ceux de vostre nation;
mesmes se disoit & vou-
loit qu'on le creust estre
descendu de l'ancienne
*race des Troyens.

*Du costé
de sa mere
Hesione
fille de
Laomedõ
Roy de
Troye que
tua Her-
cule.

Courage donc , mes
amis , vous ne pouuiez
mieux arriuer qu'en nos
maisons; vous n'estes pas
seuls qui auez éprouué la
rigueur de la Fortune; vn
*malheur aussi deplora-
ble que le vostre , m'es-
loignant du lieu de ma
naissance, m'a bien con-
trainte , apres m'auoir
faict endurer mille tra-

*La mort
de son
mary Si-
chee que
Pygmaliõ
tua.

uaux , d'arrester en fin
icy ma demeure ; ie sçay
par moy - mesme com-
bien pesent les afflictiõs;
ce n'est pas d'auiour-
d'huy que i'apprens à se-
courir les miserables.

Entretenant Enee de
ce discours, elle le con-
duit en son Palais , or-
donne par les Temples
des sacrifices aux Dieux;
commande vne allegres-
se publique pour la bié-
venue des Troyens , &
pensant à ceux qui e-
stoient demeurez sur les
vaisseaux, les enuoye ra-

F iiij

fraischir d'vn present de vingt bœufs , de cent porcs gras, d'autant d'agneaux auecques leurs meres, & de force bon vin pour les resioüir.

Mais au dedans du Palais, outre la superfluité des viures delicieux aprestez pour le banquet, toutes choses y estoient en si bel ordre, qu'on n'y pouuoit rien remarquer, qui ne tesmoignast vne magnificence Royalle: on y voyoit en parade nombre infiny de superbes habillements, enri-

chis de pourpre auec vn
tel artifice, que l'ouurage en surpassoit de bien
loin la matiere ; tables
massiues d'argent, buf-
fets chargez de vaisselle
d'or, où par vne entre-
suite des choses auenues
sous plusieurs Princes, les
beaux faicts des Ance-
stres de la Reyne estoiét
engrauez, depuis le pre-
mier iusques au dernier
de sa * race.

Cependant Enee, à
qui le soin de son fils Ascagne ne donnoit point
de repos, enuoye prom-

* *Depuis*
Belus pre-
mier Roy
des Assy-
riens iusq-
qu'à Pyg-
malion.

ptement Achate vers ses
nauires, pour luy donner
auis de tout ce qui s'e-
stoit passé, & l'amener en
ville auecque luy (car vn
pere si remply d'affectiõ,
ne pouuoit auoir de plus
douce pensee que celle
de son fils :) & de plus
luy commande d'appor-
ter, pour en faire des presents, les plus riches meu-
bles qu'il eust peu sauuer
du sac & de l'embrase-
ment d'Ilion; vne robbe
de toile d'or releuee de fi-
gures, vn grand voile
broché d'or tout à l'en-

tour à branche * vrſine; don merueilleuſement beau, que Lede auoit au-trefois fait à ſa fille Hele-ne,qui s'en eſtoit curieuſe-ment paree, lors que partant de Mycenes, elle ſe reſolut à quelque prix que ce fuſt, d'aller à Troye pour accomplir le funeſte mariage, que les hommes & les Dieux luy * deffendoient. En outre le charge de n'oublier pas le ſceptre, lé collier de perles, & la couronne d'or enrichie de pierres precieuſes, que l'Infante

** En Latin Acanthus.*

** Parce qu'elle a-uoit epou-ſé Menelas qui eſtoit viuant.*

F vj

Ilione fille aifnee de Priam , auoit accouftu-mé de porter. Achate ayant receu cefte com-miffion, fe defpefche de s'en courir en diligence aux nauires pour l'exe-cuter.

Mais fur ces entrefai-ctes , la belle Cytheree fongeant & repenfant par quel moyen elle pourroit affeurer la per-fõne & les affaires de fon fils, s'auifa d'vne fubtilité qu'elle n'auoit point en-core pratiquee. Son def-fein eftoit de faire en for-

te que le petit Cupidon
se déguisant, & prenant
les mesmes traits du vi-
sage d'Ascagne, vint en
sa place trouuer la Rey-
ne pour la brusler d'a-
mour , & faire couler
en ses os le venim qui
l'auoit desia surprise par
les yeux ; car le seiour de
Carthage luy estoit fort
suspect, & l'humeur va-
riable d'vne femme la
mettoit en crainte, aussi
bien que la perfidie des
Carthaginois, qui natu-
rellement auoient vne
chose au cœur & l'autre

à la bouche ; & sur tout l'outrageuse Iunon la tenoit en ceruelle ; si bien que la nuict approchant, toutes ces apprehensiós luy reuenoient en l'ame, & luy donnoiét de grandes inquietudes. Pressee de cet ennuy, elle accoste donc ce petit ^a Enfant ailé, & le flatte de ces parolles.

Mon mignon, ma force, ma ^b puissance, mon fils qui seul de tous les Dieux, mesprisez le ^c feu duquel Iupiter foudroya les Geants ; c'est auiour-

d'huy que i'ay recours à
vous, & qu'oubliant la
qualité de mere, i'inuo-
que humblement voftre
pouuoir : vous fçauez, &
bien des fois vous-vous
en eftes affligé auecques
moy, comme iniuftemét
& par la hayne irreconci-
liable de Iunon, voftre
frere Enee eft tourmenté
fur la mer : or maintenát
Didon le tient à Cartha-
ge, & l'arrefte par la dou-
ceur de fes belles parol-
les : le bon racueil qu'on
luy faict en vn lieu fi de-
uot à cefte Deeffe, me

met en doute, & ne puis
croire qu'en vne si belle
occasion, elle perde vne
seule heure de téps, pour
trouuer les moyens de
l'affliger plus qu'elle n'a
iamais fait.

C'est pourquoy ie son-
ge icy, par quelle ruse d'a-
mour ie pourray preue-
nir la Reyne, & la fai-
re a tomber en vos rets;
de peur que quelque Di-
uinité contraire luy fai-
sant cháger d'auis, m'em-
pesche de la rendre éper-
dument amoureuse d'E-
nee : or pour vous en ou-

urir les moyens, escou-
tez le dessein que i'en ay
projetté.

Ce ieune Prince que
i'ayme vniquement, se
met en deuoir d'aller à
Carthage au mandemēt
de son pere, & porte a-
uecque luy force beaux
presens, restez du nau-
frage, & des flames qui
mirent en cendre la ville
de Troye : si tost qu'vn
profond sommeil l'aura
pris, ie l'iray cacher en
quelqu'vn de mes Tem-
ples, soit en Cythere,
ou dans les bois sacrez

d'Idalie , ^acraignant qu'il ne suruienne quelqu'vn qui puisse découurir nostre entreprise; vous, prenez sa ressemblance seulement pour vne nuict; estant Enfant comme luy, il vous sera bien-aisé de vous appliquer la forme du visage d'vn Enfant qui vous est assez cogneu; afin que quand la Reyne transportee de contentement, viendra parmy l'allegresse de ce royal appareil, à vous tenir entre ses bras, & imprimera sur vos leures

mille baiſers, vous faciez
naiſtre en ſon cœur vn
amour ſecret qui porte
voſtre feu iuſques au
plus profond de ſes vei-
nes.

L'Amour ſe laiſſe in-
continent fléchir aux pa-
roles de ſa Mere, & n'eut
pas ſi toſt quitté ſes ailes,
qu'à le voir marcher gay-
ement, vous l'euſſiez pris
pour Aſcagne meſme ;
dans les yeux duquel, a-
pres que Venus eut faict
couler vn doux ſom-
meil, elle l'enleue en ſon
giron, l'emporte ſur les

hauts sommets de l'épes-
se forest d'Idalie , & à
l'ombre, le couure des
fleurs d'vne fraische mar-
jolaine qui l'embâmoit
de son odeur.

Desia ce petit Dieu
tout ioyeux d'obeyr à sa
Mere, s'acheminoit sous
la conduite d'Achate ,
& portoit auecque luy
les preséts royaux à Car-
thage; où quand il arri-
ua, la Reyne auoit pris
place pour souper , sur
des tapis tres-excellents,
[a] au milieu d'vn lict [b] tout
enrichy d'or; & au mes-

a *Entre les anciens c'estoit le lieu du maistre.* b *Les femmes mangeoient assises, & les hômes couchez sur des licts.*

me temps , Enee auec
toute ſa nobleſſe Troy-
enne s'eſtant aſſis en des
licts ſuperbement tapiſ-
ſez de pourpre ; on don-
ne à lauer, on preſente à
chacun ſa ſeruiette pour
eſſuyer les mains, & ti-
rant le pain des corbeil-
les, on le met ſur table,
le tout par vn ordre mer-
ueilleuſement bien ſui-
uy : car il y auoit d'ordi-
naire en ceſte maiſon
royalle, cinquante fem-
mes, qui auec la charge
du meſnage & de la deſ-
penſe , n'auoient autre

soing que d'allumer les flambeaux , & de faire brusler les parfums par toutes les salles & chambres du Palais; sans lesquelles il y en auoit cent autres pour couurir les tables de viādes exquises; & autant d'officiers tous de mesme aage, pour *arráger les coupes , & donner à boire. Outre les Troyens, grand nombre de Seigneurs Carthaginois se trouuerent à ce festin, & par le commandement de la Reyne s'allerent asseoir sur des licts

Selon la façon des anciens, & comme l'on faict encore auiourd'huy en Allemagne.

peints.

Alors tous les propos de table ne furent que d'Enee ; il n'y auoit per-sonne de la compagnie qui n'admiraſt ſes pre-ſents, ceſte robe de toile d'or, le voile broché d'or à branche vrſine ; & tous jettants les yeux ſur le petit Iüle, s'eſtonnoient de voir & d'ouyr en vn enfant le viſage eſcla-tant, & les paroles d'vne Diuinité. Mais principa-lement la pauure Didon reſeruee au malheur où elle tomba depuis, ne ſe

pouuoit laſſer de le con-
templer, elle bruſloit à ſes
regards ; deux choſes la
touchoient viuement,
l'excellence de ces dons,
& la beauté de celuy qui
les preſentoit.

A pres que cet Enfant
ſe fut allé pendre au col
d'Enee pour le baiſer, &
que par ſes mignardiſes
il eut fauſſement aſſou-
uy l'affection de celuy
qui penſoit eſtre ſon pe-
re ; il ſe va preſenter à la
Reyne pour la deceuoir.
Elle auſſi-toſt ſurpriſe
d'amour, arreſte ſur luy

ſes

ſes yeux & ſa penſee; au-
cunes-fois elle le prend
entre ſes bras, le preſſe
contre ſon ſein, ignorát,
Princeſſe malheureuſe,
la puiſſance redoutable
de l'enfant qu'elle careſ-
ſoit. Mais luy qui n'auoit
pas oublié les aduertiſſe-
ments de ſa Mere, com-
mence d'effacer en ſon
ame le ſouuenir de Si-
chee ſon defunt Mary;
& pour luy grauer au
cœur les merites d'vn
perſonnage viuant; s'ef-
force de reſueiller ſes eſprits, que le temps auoit

G

rendus lasches & des-ac-
coustumez à l'amour.

Quand ils furent au se-
cond, & que lon eut des-
seruy les premieres vian-
des, on met deuant eux
de profondes tasses plei-
nes de vin. Et lors la
compagnie comméçant
à s'eschauffer, vn grand
bruit s'esleue qui s'épand
par tout le Palais, où il
y auoit vne telle quan-
tité de flambeaux allu-
mez, en des chande-
liers qui pendoient aux
planchers lābrissez d'or,
que la lumiere chassoit

les tenebres, & surmon-
toit l'obscurité de la
nuict.

En ceste allegresse la
Reyne demande sa cou-
pe massiue d'or, & cou-
uerte d'vn nombre infi-
ny de pierres precieuses,
où depuis le grand Roy
*Belus, tous ses Ayeulx   * *Premier*
auoient accoustumé de   *Roy des*
boire; la fait remplir de   *Assyriens.*
vin pur, & la tenant en-
tre ses mains, apres que
chacun eut faict silence
pour l'escouter, elle pro-
nonça ces mots.

Iupiter, s'il est ainsi

que vous faciez garder le droict d'hospitalité, per-mettez, ie vous prie, que ce iour soit heureux aux Troyens & aux Cartha-ginois, & que nostre po-sterité s'en puisse à iamais ressouuenir; que Bacchus ennemy de tristesse, & la fauorable Iunon, soient icy presens pour nous assister: & vous Tyriens, fauorisez mes desseins, & mettant à part toute sorte de jalousie, hono-rez ceste assemblee d'vne veritable resiouyssance. Acheuant ces paro-

les, elle offrit, fans partir
de la table, le vin en fa-
crifiee, & le portant à la
bouche , le goufta du
bout des * léures feule-
ment, puis donna la cou-
pe à Bitias, & l'encoura-
gea de boire:luy la receut
ioyeufement, & l'efpui-
fant d'vne haleine, cacha
tout fon vifage en la pro-
fondeur éclatante de cet
or : les autres Seigneurs
le fuiuirent, & vuiderent
leurs taffes apres luy.

Iopas auec fa longue
cheuelure , prenant fa
harpe, ioüa deffus, ce que

G iij

le grand ᵃAtlas dóna premierement à cognoistre des Astres ; les chemins ᵇobliques que tiént la Lune vagabonde pour faire son tour ; les eclipses & la course ᶜlaborieuse du Soleil, la creation des hommes & des animaux; d'où viét la pluye, qui cause les esclairs, les Hyades pluuieuses, le ᵈBouuier, la grande & la petite Ourse; pourquoy le Soleil se va si hastiuement plonger en l'Ocean, ou plustost qui rend les nuicts si longues

a Il estoit du temps d'Hercule, auquel il aprist l'Astrologie.

b Pour euiter le centre de la Terre & les eclipses.

c Car il trauaille, s'efforçant contre la rapidité de la Sphere.

d C'est vne estoile qui est à la queue de la grande Ourse: Arcturus, en Latin.

au temps d'Hyuer. Sur la
fin de cet air plaifant &
melodieux, les Cartha-
ginois redoublants leurs
applaudiffements , fu-
rent fecondez par les
Troyens , qui n'en tef-
moignerent pas moins
de plaifir , & fe refioui-
rent auec eux.

Cependant la mifera-
ble Didon beuuoit à lōgs
traits le poifon d'Amour,
& s'enquerant de mille
chofes, touchant l'infor-
tune de Priam & de fon
fils Hector, efcouloit vne
partie de la nuict en dif-

cours auec Enee : tantost
elle demandoit de quelle
façõ estoient * les armes
auec lesquelles le fils de
l'Aurore estoit venu se-
courir Troye ; mainte-
nant quels estoient les
cheuaux que Diomede
auoit enleuez au quar-
tier de Rhese ; vne autre
fois elle vouloit qu'on
luy figurast la forme du
visage & du corps d'A-
chille. Mais pour faire
mieux, dist-elle, cher ho-
ste, obligez-nous tant dé
nous raconter depuis le
commencement iusques

à la fin, toutes les embuſ-
ches des Grecs, la deſola-
tion de voſtre patrie , la
perte de vos amis , &
toutes les fortunes que
vous auez courues de-
puis que vous eſtes party
de Troye ; car voicy deſ-
ia le ſeptieſme Eſté, qu'er-
rant parmy le Monde,
vous éprouuez toutes les
incómoditez de la Terre
& de la Mer.

uilege, Donné à Paris le 28. O-
ctobre 1617.

Par le Roy en son Conseil,

Signé   RENOVARD.

Et ledit sieur du Tertre a permis à Toussaincts du Bray Mar-
chand Libraire Iuré à Paris, d'imprimer, vendre & distribuer le
premier Liure de *l'Eneide de Virgile*, car ainsi a esté accordé entr'eux.

www.ingramcontent.com/pod-product-compliance
Lightning Source LLC
LaVergne TN
LVHW020635200726